DIFFICULTÉS

PROPOSÉES

A MONSIEUR

DE CARADEUC DE LA CHALOTAIS,

Procureur - Général au Parlement de Bretagne.

SUR

Le Mémoire intitulé : ESSAI D'ÉDUCATION NATIONALE, OU PLAN D'ÉTUDES POUR LA JEUNESSE. Présenté au Parlement le 24 Mars 1763.

A PARIS,

M. DCC. LXIII.

TABLE SOMMAIRE.

TABLE SOMMAIRE.

Fin de la Table.

DIFFICULTÉS

Proposées à Monsieur DE CARADEUC DE LA CHALOTAIS, Procureur-Général au Parlement de Bretagne.

SUR

Le Mémoire intitulé : ESSAI D'ÉDUCATION NATIONALE, OU PLAN D'ÉTUDES POUR LA JEUNESSE. Présenté au Parlement le 24 Mars 1763.

MONSIEUR,

Votre nom est connu dans le monde sçavant & patriotique. Vos discours éloquens & sublimes dans la cause la plus célèbre qui fût jamais, vous assu-

A

rent une gloire aussi durable que le sera dans la postérité le souvenir de la chûte de ce fameux édifice, qui avoit couvert de son ombre & de ses ténèbres la surface du globe.

Premier compte, pag. 228.

Défendre la cause des rois & des états, plaider pour la cause, & dans la cause de l'église & de l'état, pour la tranquillité publique, pour l'honneur & la manutention des lettres & des

Ibid. pag. 236.

sciences : tels sont les titres glorieux qui porteront votre nom à nos descendans.

L'homme, selon la pensée de deux anciens philosophes, appartient à la patrie par le titre de sa naissance. *Præclarè scriptum est à Platone, non nobis solùm nati sumus, ortûsque nostri*

Cic. de off. lib. 1. c. 7.

partem, patria vindicat. Le magistrat public est spécialement l'homme de la patrie. *Rien de ce qui est utile n'est étranger à son ministère.* Par une

Discours de M. de la Chalotais, du 24 mars 1763.

conséquence nécessaire, ce qui est revêtu du sceau respectable du magistrat public, n'est jamais étranger à la patrie. La voix du magistrat public est la voix de la patrie. Le citoyen, fixé, & comme isolé dans son état, doit respecter la distance qu'il y a de lui à ces hommes vénérables qui font établis pour juger la terre : s'il a la liberté de pénétrer dans le fanctuaire de la juftice , il n'y paroît que pour s'inftruire & applaudir à fes oracles.

C'eft dans ces fentimens de refpect & de confiance , que j'ai lú le plan des études que vous offrez à la nation. J'y ai admiré ces fentimens qui caractérifent le grand génie & le grand magiftrat.

Ce font , dites-vous , Monfieur , en parlant vous-même de ce plan, *les vues d'un citoyen qui demande à la nation entière des éclaircissemens pour le bien général de la nation.*

Tout citoyen fera donc bien reçu , s'il parle le langage de citoyen. C'eft le propre du magiftrat d'être acceffible à tous. Quiconque fe préfente , croit être fondé dans fes demandes. Plufieurs font dans l'erreur , tous font écoutés avec bonté.

Je commence par quelques réflexions préliminaires.

Ce qui a été détruit n'auroit jamais dû exifter. Le bien opéré par la deftruction en a prouvé la néceffité. On peut dire , fans être extrême , que ce

Difcours du
24 mars.

A ij

qui a été détruit, étoit vicieux dans son tout, dans ses fondemens, dans ses moyens, & nécessairement dans ses suites. Il faut jetter d'autres fondemens, employer d'autre moyens : s'il n'y a plus de méprise dans l'un & l'autre, les suites seront le bien de l'humanité, & le bonheur des peuples.

Oui, monsieur, *le bien public, l'honneur de la nation demande t une éducation civile qui prépare chaque génération naissante à remplir, avec succès, les différentes professions de l'état.* L'instruction publique de la jeunesse doit être telle qu'elle » puisse procu- » rer à l'état des chrétiens, & des ci- » toyens capables de remplir, dans » le respect & la soumission qu'ils » doivent au roi, aux loix de l'église » & de l'état, & aux maximes du » royaume, les différens emplois aux- » quels ils doivent être appellés. »

Telle doit être incontestablement l'éducation nationale. Le citoyen qui en aura donné le plan & les moyens exécutoires, si un seul homme peut concevoir tout l'ensemble d'un tel édifice, sera le plus heureux de tous les hommes, parce qu'il aura le mieux mérité de la patrie.

Essai d'éducation, nationale, pag. 2.

Arrêt du parlement de Paris du 3 septembre 1762.

Les sujets appartiennent à l'état ; l'état doit donc pourvoir à leur institution. *L'institution doit donc être formée par les loix.* Le plan d'éducation une fois trouvé, il doit faire partie du droit, de la loi de la nation. C'est le seul moyen de lui assurer la stabilité que doit avoir ce qui est toujours nécessaire, toujours utile ; c'est le seul moyen de purger l'état d'un vice trop commun, ou d'un mal épidémique. L'éducation devient affaire de mode, & tous les charlatans ont le talent de faire des dupes. *Si les mœurs publiques de la nation ne sont pas toujours bonnes ; si la débauche est trop universelle dans la jeunesse, le luxe trop répandu ; s'il y a peu d'amour de la patrie & du bien public, la cause funeste de tous ces maux, est la licence des systêmes, & la tolérance de toutes sortes de doctrines dans l'enseignement.*

» Les études publiques doivent être « dirigées vers la plus grande utilité pu- » *blique.* » Les instituteurs doivent donc *être des citoyens dégagés de tout préjugé,* des hommes instruits par la pratique *des vertus morales & politiques.*

Pag. 5
Pag. 6
Pag. 7
Pag. 9
Pag. 10

A iij

>> *Les lettres ne font qu'une partie de*
>> *l'inftitution d'une nation ; l'inftitu-*
>> *tion a des vues plus étendues.* « Donc
s'il n'y a dans un état d'autre inftitution que celle qui dépend néceffaire-
ment des lettres, ou qui, tout au plus,
n'eft propre qu'à former des gens de
lettres, il n'y a dans cet état qu'une
inftitution défectueufe, ou même vi-
cieufe : il n'y a point de queftion à
faire par rapport à nous. En France,
l'éducation nationale n'eft, ni affez
bien entendue, ni affez étendue ; &
nous n'avons pas encore un plan d'é-
tudes par l'exécution duquel, on tire
tout le parti qu'on peut tirer du génie
François.

Ces vérités font anciennes, avouées
dans tous les fiècles qui n'ont pas été
les fiècles barbares. De-là, tous ces
plans d'éducation, fruits des veilles
des plus grands hommes. Cependant
notre éducation fe fent encore de ces
temps voifins des ténèbres qui cou-
vroient l'Europe, & qui furent l'époque de la fondation de l'inftitution
publique, & du renouvellement des
lettres.

Quelles font les caufes occafionelles d'un abus fi énorme ? Elles vous font connues, monfieur : mais ce qui a rendu inutiles tous les plans d'éducation, les projets pour perfectionner l'éducation, les plans d'études, &c., c'eft que les grands hommes qui y ont confacré leur temps & leurs talens, étoient des hommes qui fouvent ne propofoient que des fyftèmes, qui abondoient dans leur fens, & qui n'avoient pas toujours affez étudié la queftion de l'exécution poffible actuelle de leurs plans ; en un mot, ils donnoient des plans, & laiffoient à d'autres *l'arrangement du plan & fa tablature.* Les plans d'éducation ne manquent pas. *Il eft poffible de réformer les études publiques ; il eft poffible de mieux faire que ceux qui nous ont précédé.* Mais comment s'y prendre pour mieux faire ? Je fuppofe que le plan que vous propofez *aura le bonheur d'être approuvé du maître & de la nation,* fon arrangement, fa tablature feroient-ils faciles, ou même poffibles ? Ce qui manque à la nation, eft une méthode d'éducation ; c'eft-à-dire un plan d'éducation, fuivi de l'arrangement & de la tablature du plan.

Pag. 149.

Pag. 7.

Pag. 149.

A iiij

Dans l'inſtant préſent des affaires en France, une méthode - pratique d'éducation nationale eſt un ouvrage nouveau, mais néceſſaire. L'ancien mal eſt connu : c'eſt perpétuer le mal que de paſſer le temps à diſputer ſur la nature du remède, ou ſur les moyens de guériſon : ce qui ne guérit pas n'eſt pas remede.

Pour réédifier, il faut avoir préſent à l'eſprit les défauts du premier édifice, & concevoir, comme déjà exiſtant, l'édifice qui doit être ſubſtitué. Ces deux idées ſont comme le germe du plan : ſous un autre rapport, le plan eſt le germe de l'édifice.

Un plan d'éducation eſt comme le moule dans lequel l'homme eſt figuré ; le maître & le diſciple. Les défauts du moule ſeront viſibles ſur la matière figurée.

Un plan quelconque ſuppoſe des principes ; il n'eſt dans la vérité que l'exécution des principes, & l'exécution e démontre la vérité. Les principes réprouvent tout ce qui n'eſt que ſyſtème u poſſibilité idéale. Tous les arts ſont formateurs dans leur genre ;

tous les arts ont leur méchanique, leur géométrie. La réſiſtance, ou la flexibilité intrinsèque des matières à former, eſt le fonds qui produit les principes. Un plan propoſé ſuppoſe la connoiſſance du fonds productif des principes.

L'éducation eſt le grand art de former l'homme : un plan d'éducation eſt donc le plan de la formation de l'homme. Ce grand art a ſa méchanique, ſa géométrie. Un plan d'études n'eſt pas un plan d'éducation ; & cependant un plan d'études comprend néceſſairement un plan d'éducation : donc un plan d'études eſt un mauvais plan, s'il eſt ſéparé du plan d'éducation.

Les principes de l'art formateur de l'homme, découlent de ce qu'il y a de plus intime dans l'homme. Il faut connoître le cœur de l'homme pour le former. Le ſuppoſer tel qu'il n'eſt pas, & vouloir le former, eſt une chimère ſyſtématique des prétendus philoſophes. Si le cœur de l'homme eſt malade, il faut le guérir ; & pour le guérir, il faut connoître les cauſes de la maladie. L'homme en ſanté peut user, avec profit, des choses qui donnent la mort aux malades. Tout instituteur qui forme l'esprit aux dépens du cœur, est semblable à un médecin ignorant, qui, pour guérir une maladie , en procure une plus dangereuse.

Voilà , monsieur, des pensées que la lecture de votre mémoire a fait naître. Si les principes, dont l'expérience a démontré la vérité, vous paroissent constans , peut-être y auroit-il quelque changement à faire dans les moyens que vous proposez pour exécuter un plan d'éducation. Je viens aux éclaircissemens que vous permettez aux citoyens de vous demander.

PREMIERE DIFFICULTÉ.

» *La fermentation qu'il y a dans le* » *public de l'Europe , par rapport aux* Pag. 34 & » *vues d'éducation , est visible.* » Ces 133. momens sont précieux. N'est-il pas à craindre que , par une suite des anciennes idées trop peu étendues sur l'é-ducation, on ne s'occupe que du bien particulier , & qu'on perde de vue le bien général ? Réformer l'institution littéraire, n'eft qu'un bien particulier dans l'état. Le feul moyen de tourner au profit de la nation entière, *la fermentation qu'il y a dans le public, par rapport aux vues d'éducation*, eft de fonder une éducation vraiment nationale; c'eft à-dire, une éducation dont tous les ordres de l'état puiffent profiter. » *Celui qui doit commander*

>> *un jour des armées, ou qui eft def-*

>> *tiné aux premières places de la ma-*

>> *giftrature, eft élevé comme le fils d'un*

>> *major de milice bourgeoife, ou comme*

>> *le fils d'un praticien de village.* « Vous vous plaignez de ce défordre; mais cette confufion eft inévitable dans le fyftême d'un feul plan d'éducation. Un inftituteur peut-il à tout inftant diverfifier l'inftruction, & la rendre différente felon les perfonnes ?

L'état eft un corps dont les particuliers confidérés individuellement font les membres, les conditions génériques & fpécifiques, la collection des familles, leur réunion forme le corps entier. Un corps eft compofé de plufieurs membres; mais tous les membres n'ont pas la même fonction : l'inftitution étant pour l'état, ce qu'eft

Pag. 22.

Pag. 10. l'éducation pour les particuliers ; il eſt conforme à la nature, de diviſer cette inſtitution en autant de chapitres, qu'il y a dans l'état de diviſions dans les conditions. Un plan d'éducation pour tous, un plan d'études pour chacun ; deux choſes abſolument néceſſaires pour tous.

Je plaide ici principalement la cauſe du peuple, la cauſe du païſan, la cauſe du pauvre ; je le fais, avec confiance, auprès d'un magiſtrat, qui a dit lui-même que le *miniſtère public eſt le défenſeur né de ceux qui n'en ont point.* Second compte, P. 6. » *C'eſt l'état, dites - vous, mon-* Educ. na-ſion. p. 31. *ſieur, c'eſt la majeure partie de la nation qu'il faut principalement avoir en vue dans l'éducation : car vingt millions d'hommes doivent être plus conſidérés qu'un million ; & les païſans, qui ne font pas encore un ordre en France, comme en Suéde, ne doivent pas être négligés dans une inſtitution :* » on ne peut parler avec plus de ſageſſe pour le bien public. La difficulté eſt dans les moyens que vous propoſez : & dans le fait, en ſuivant le plan de votre mémoire, il n'y aura d'éducation que pour ceux, qui, selon leur condition, & par état, sont nés pour cultiver les lettres & les sciences ; & d'autre institution dans la nation, qu'une institution littéraire & scientifique : vous l'avez décidé d'une manière étrange. *Le lien de la société demande que les connoissances du peuple ne s'étendent pas plus loin que ses occupations.* Vous ne voulez pas même que le peuple sçache lire & écrire. Toute l'institution du païsan sera de sçavoir se courber vers la terre, & parler aux animaux qu'il nourrit : celle du peuple, de sçavoir dessiner, manier le rabot & la lime ; ou bien, selon les différentes plages, d'être condamné à servir dans un vaisseau, pour devenir matelot. L'institution nationale ne sera donc dirigée que vers un million d'hommes, & vingt millions y seront sans considération. Cette conséquence n'est-elle pas inconciliable avec vos principes ? Il faut donc se hâter de supprimer un grand nombre de collèges, par la crainte que les laboureurs & les artisans, qui ne doivent pas même sçavoir lire ni écrire, n'y envoient leurs enfans ; il faut supprimer toutes les écoles, & dans les

Pag. 20.

Pag. 25.

Voy. les pag. 2. 3. 4. 5. 11. & autres. P. 123 du premier alinea au second, cet endroit est triomphant. Il y en a plusieurs sous le même article. *De la morale.*

villes , & dans les campagnes.

Je ne ſçais, monſieur , ſi ce plan ſera approuvé du maître & de la nation. S'il étoit approuvé , ce ſeroit donc une loi en France , que ceux qui ne doivent apprendre qu'à deſſiner , manier le rabot & la lime , n'apprendront ni à lire ni à écrire ; que les mouſſes & les matelots ne ſçauront ni lire ni écrire ; que parmi les gens du peuple , ceux-là ſeulement ſçauront lire & écrire , qui vivent par ces arts, ou que ces arts aident à vivre.

Voy. pag. 25 & 26.

On demande, monſieur, ſi ces vingt millions d'hommes auxquels vous refuſez impitoyablement toute éducation , n'ont pas des devoirs à remplir , & s'il n'eſt pas important qu'ils les connoiſſent ? Ces vingt millions d'hommes laiſſés ſans culture , ignorans , & par conſéquent inſenſibles ſur les devoirs , ne deviendront-ils pas timides, ſuperſtitieux, peut-être cruels? Vous l'avez décidé dès les premières V. pag. 2 & 3. pages de votre mémoire. La nation retomberoit infailliblement dans la barbarie des ſiècles paſſés , par l'exécution de ce plan d'éducation. Ne lui envions pas la gloire qui la diſtingue

(15)

de toutes les autres : fi elle l'emporte
fur fes voifins , fi elle les furpaffe par
fon induftrie , c'eft parce que le peuple y eft plus éclairé , & c'eft à l'éducation qu'elle eft redevable de fa
gloire.

Je conviens , monfieur , que votre
mémoire fournit les moyens de ré-
pondre à cette difficulté. On peut ré-
pondre que l'éducation néceffaire à ces
vingt millions d'hommes , c'eft de
connoître la religion , & d'être habile
dans fa profeffion : *qu'il y a d'excellens catéchifmes imprimés ; qu'on peut
lire aux enfans ceux de Boffuet , ou de
Fleury . . . que c'eft dans le fein des
familles chrétiennes , dans les inftructions de la paroiffe , que les enfans doivent apprendre les élémens du chriftianifme ; que les églifes font les véritables
écoles de la religion , & qu'enfin les
maifons qu'habitent les maîtres dans
les différens arts , font les écoles où
ces arts s'apprennent :* or pour tout
cela , il ne faut fçavoir ni lire ni
écrire.

On répond, que regarder cette éducation comme fuffifante pour former
l'homme, le chrétien, le citoyen,

V. pag. 4.

Pag. 16.

est presque nier les suites du péché
originel ; que dans les villages où il
n'y a pas d'école , les hommes ne
paroissent différer des brutes que par
la figure ; & que pour les mœurs , ils
vivent comme le cheval & le mulet,
qui sont sans intelligence.

Préf. du
cat. hist. » Quoique le catéchisme , dit l'ab-
» bé Fleury , contienne ce qui est
» nécessaire à sçavoir , il en est com-
» me de tous les autres abrégés,
» que l'on ne sçait jamais bien , si on
» n'étudie rien au-delà. . . . Dans les
» sermons, on ne traite que des su-
» jets particuliers qui supposent les
» chrétiens suffisamment instruits de
» l'essentiel de la religion. On y ex-
» plique rarement les premiers prin-
» cipes : . . . à la vérité, les meil-
» leurs catéchistes seroient les peres
» de famille, si chacun étoit bien ins-
» truit, & soigneux d'instruire ses en-
» fans. . . . A l'église, on ne parle
» qu'à certains jours aux enfans pen-
» dant peu de temps : les enfans y
» sont plusieurs ensemble extreme-
» ment dissipés , &c. » On ajoute
qu'il y a toujours un grand nombre
d'enfans qui ne vont point au catéchisme;

chifme; qu'il eft impoffible , par exemple , que les mouffes fréquentent les églifes , qui font les feules écoles dont vous ne leur fermez pas l'entrée. On peut donc conclure des fçavantes & judicieufes réflexions de l'abbé Fleury , qu'enlever aux enfans les moyens d'apprendre à lire , c'eft leur enlever le feul moyen d'apprendre à connoître Dieu , à l'aimer , à le fervir.

L'évangile , dit faint Bernard, n'eft écrit que pour être lu. Comment le lira celui à qui on aura défendu d'apprendre à lire ? & quelle inftruction peut tenir lieu , ou difpenfer de lire l'évangile ?

Serm. 1. dom. 6 poft pent. tom. 3. pag. 244.

Quels hommes que les mouffes & les pilotes qui n'ont jamais vu d'autre école que la mer ? Que deviendra le laboureur , l'artifan , dans les jours où il ne pourra pas travailler , fi un bon livre ne le retient pas chez lui, au moins une partie du temps ? Le laboureur & l'artifan qui paie fon loyer, ou fa taille , &c , qui a un mémoire de dépenfe à faire , ou à fournir , fera à tout moment dans la néceffité de recourir à ces hommes qui vivent par ces arts qu'il n'a pas pu

B.

apprendre. Quelle servitude pour un pere de famille qui n'est pas riche, & quel désordre par-tout , si on ne traite de cela qu'au cabaret ?

Est-ce là, monsieur, le plan de la grande famille , sur le modèle de laquelle les familles particulières qu'elle V. p. 13. renferme , doivent être réglées ? L'amour de l'homme , l'amour de l'humanité peut-il se concilier avec ce Pag. 120. systême ? Vous établissez ailleurs cette proposition : *des faits donnés, conclure ceux qui doivent arriver, c'est le problême de la politique.* Les faits sont donnés, la conclusion est évidente : donc à cet égard , ce plan d'éducation nationale est contraire à la bonne politique.

Oui , monsieur, refuser à l'homme, quel qu'il soit , une sorte d'éducation, c'est enlever des adorateurs au vrai Dieu , & des vrais citoyens à l'état. (a)

(a) Permettez-moi, M. de copier ici ce qui se trouve à la page 257 des comptes rendus aux chambres assemblées au parlement de Paris. ,, Dans le moment que l'on doit ,, regarder comme l'époque du renouvelle- ,, ment de la littérature, tout genre d'édu- ,, cation, & singulièrement celle des pau- ,, vres est précieuse. Il est donc très-impor-

SECONDE DIFFICULTÉ.

Avant que d'aller plus loin, je protefte, contre quiconque donneroit à ces difficultés, un fens que je n'ai pas, ou qui fuppoferoit qu'elles font écrites avec des fentimens que je défavoue. Par le mémoire dont il s'agit, le magiftrat, qui en eft auteur, a donné une nouvelle preuve de fon zèle pour le bien public; & je defire très-

„ tant de ne pas négliger celle des vigne-
„ rons, des artifans & des autres ouvriers,
„ dont les travaux & la conduite font notre
„ fortune & notre tranquillité... Ce n'eft
„ que dans une éducation gratuite, continue
„ & lumineufe, à proportion de l'état & des
„ difpofitions des enfans, que l'on peut fe
„ flatter de faire naître aux pauvres l'amour
„ de leur état & de leurs devoirs, de leur
„ faire connoître & aimer la religion dans
„ laquelle nous avons le bonheur d'être nés,
„ & de leur infpirer un éloignement abfolu
„ pour l'oifiveté, fource & principe de tous
„ les vices; que ce genre d'inftruction a été
„ de tout temps recommandé; que depuis
„ Charlemagne toutes les ordonnances, &c."
Compte rendu par M. le préfident Rolland le
11 mai 1763. Pontoife, réfidence, chap. 5.
Mémoire des adminiftrateurs de l'hôpital des
Enfermés.

B ij

sincèrement, comme citoyen , que la
nation pour laquelle cet ouvrage a été
entrepris , en puisse retirer tous les
avantages qu'on s'est proposé de lui
procurer. Si ces difficultés méritent
quelqu'attention , elles seront éclair-
cies , & le plan en sera plus complet ;
si on méprise les difficultés , on ne con-
damnera pas leur motif.

S'il est des personnes qui pensent
autrement de l'essai d'éducation nationale , ou qui se permettent des cen-
sures indiscrètes & déplacées. Je dis ,
monsieur, que ces personnes ont lu
votre mémoire, & ne l'ont point com-
pris , parce qu'elles n'en ont pas étudié le système , ou qu'elles se sont trop
arrêtées aux premières pensées. Ce
mémoire réunit plusieurs parties qui
ont été considérées séparément , &
traitées comme des pièces isolées faisant un tout à part , dont le rapport à
l'ouvrage entier , n'est pas sensible aux
lecteurs superficiels.

Pag. 16.
V. aussi pag.
137 & 136.
Si on soutenoit, par exemple, d'a-
près ce qui est dit sur les moyens d'enseigner la religion dans chaque collège ; c'est-à-dire, à des jeunes gens
de tout âge, & de toutes les classes, &

en grand nombre, tel petit qu'on fup‑
pofe le nombre d'écoliers dans cha‑
que claffe particulière ; que l'étude,
la connoiffance, le refpect & l'amour
de la religion, n'eft pas un article ca‑
pital dans le plan d'une éducation na‑
tionale ; que cette étude n'eft pas la
plus confidérable, la plus importante,
la plus effentielle, que les jeunes gens
ne doivent pas être inftruits dans la
morale & dans la doctrine évangéli‑
ques dès les premiers crépufcules de
la raifon. Celui qui fe permettroit ces
penfées, auroit été bien diftrait, ou
manqueroit de difcernement & d'in‑
telligence.

Quoi de plus clair en effet, mon‑
fieur, & de plus précis que vos affer‑
tions. J'en extraits ici quelques-unes.

» *De toutes les inftructions, la plus*
» *importante, eft d'inftruire les enfans*
» *dans la religion. On doit rechercher* V. pag. 15.
» *avec encore plus de foin ce qui re‑*
» *garde les mœurs, ce qui conftitue la*
» *vertu, la religion ;* de-là ces plain‑ Voy. pag.
tes trop fondées que » *la religion ne* 34.
» *foit pas enfeignée dans les collèges*
» *avec plus de foin que les fciences ;* Pag. 31.
» *qu'au lieu d'inftruire les jeunes gens*

» *des devoirs communs à tous les hom-*
» *mes , on leur inspire une dévotion qui*
» *n'est qu'une imitation de la religion ,*
» *des pratiques pour tenir lieu de ver-*
» *tus , & qui n'en font que l'ombre ;*
» *que la religion soit attaquée , &*
» *qu'elle manque de defenseurs ; que*
» *l'érudition acquise par un jeune hom-*
» *me succombe sous la moindre objec-*
» *tion spécieuse d'un incrédule ; d'où*
» *il arrive malheureusement que tout*
» *l'édifice d'une morale mal étayée ,*
» *s'écroule.* »

P. 20. 21.

Voy. pag. 134.

Vous faites plus encore, monsieur; vous avez déploré le mal ; vous montrez le remède , en faisant connoître les sources pures, où les maîtres & les disciples doivent puiser les vrais principes de la science de la religion.

Pag. 137.

Si vous n'entrez pas dans un plus grand détail ; quoique vous eussiez pu, *sans usurper le droit d'enseigner la religion*, nous donner un plan , & la meilleure méthode de l'enseigner, c'est que vous êtes dans la persuasion qu'avec de bons livres on peut se passer de maître. Vous me permettrez de vous proposer dans la suite quelques difficultés sur ce système.

Voy. pag. 137.

(23)

S'il reste quelques éclaircissemens
à vous demander, ce pourroit être,
tout au plus, de vous prier de nous
dire :

1°. Pourquoi vous ne croyez pas
devoir conseiller la lecture des épîtres
des apôtres, & même de l'apocalypse.
L'évangile est, à la vérité, le code de
la morale & du christianisme ; mais, si
par la lecture de l'évangile on apprend
comment on doit vivre, par la lecture des épîtres des apôtres, on voit
qu'il est possible en effet de vivre en
pratiquant l'évangile à la lettre. Les
épîtres des apôtres sont l'histoire des
mœurs des premiers chrétiens. Leurs
devoirs étoient nos devoirs ; leur vie
est le modèle de la nôtre. Après l'é-
vangile, les épîtres des apôtres sont
le meilleur livre pour apprendre ce
qu'on doit au roi & à la patrie.

L'apocalypse doit être lu, puisque
c'est par l'ordre exprès de J. C. qu'il
a été écrit. » Ceux, dit M. Bossuet, ^{Préf. de l'apoc.}
» qui ont le goût de la piété, trou-
» vent un attrait particulier dans cette
» admirable révélation de saint Jean.
» Le seul nom de J. C. dont elle est
» intitulée, inspire d'abord une sainte

» joie. On y reſſent, en la liſant, une
» impreſſion ſi douce, & tout enſem-
» ble ſi magnifique de la majeſté de
» de Dieu, il y paroît des idées ſi
» hautes du miniſtère de J. C., une
» ſi vive reconnoiſſance du peuple
» qu'il a racheté par ſon ſang ; de ſi
» nobles images de ſes victoires &
» de ſon règne, avec des chants ſi
» merveilleux pour en célébrer les
» grandeurs, qu'il y a de quoi ravir
» le ciel & la terre. »

2°. On pourroit vous demander encore, ſi les obligations connues, & les
devoirs bien approfondis, il n'eſt pas
viſible qu'un ſeul homme, chapelain
ou aumônier dans un collège, ne
pourra remplir que très - imparfaite-
ment l'important miniſtère dont vous
le chargez?

Ce chapelain, ou maître d'inſtruc-
tion, eſt celui qui profeſſe la ſcience
la plus difficile, & cependant la plus
eſſentielle : c'eſt de ſon travail que
dépend principalement la formation
du cœur, la formation de l'homme intérieur, de l'homme pour Dieu, &
pour la ſociété.

C'eſt perdre ſon temps, ſi on compte
instruire

inftruire tout le peuple étudiant , &
compofant un collège par un feul &
même difcours ou catéchifme , qui
fera , ou trop fort pour les commen-
çans , ou trop fimple pour ceux qui
font plus avancés , & qui par là devient inutile à tous. » *La méthode d'é-*
» *tudier la religion comme fcience , dé-*
» *rive de la méthode générale des étu-*
» *des.* » Les fecours fpirituels doi- Pag. 137.
vent donc être divifés & fous-divifés.
Un feul homme pour tout cela ; . . .
cependant s'il eft fçavant , s'il a du
zèle , de la prudence & de la fageffe ,
fût-il feul , il fera toujours quelque
bien.

L'abbé Gédouin, dont vous rap-
portez le texte , s'eft trompé lorfqu'il Pag. 133.
a dit que l'on faifoit trop dépendre
les mœurs de la révélation ; & le catéchifme qu'il nous donne , annonce
un homme qui ne connoît point comment l'amour & la pratique de la vertu
fe perfuadent depuis le péché. C'eft ce
que j'ai remarqué plus haut ; on veut
former l'homme , & on le fuppofe tel
qu'il n'eft pas. Il faut apprendre aux
enfans que Dieu , (& non pas la nature , comme dit l'abbé Gedouin) ,

a gravé fa loi dans le fond de nos cœurs ; mais que cette loi ne forme point une loi indépendante de la révélation ; que dans l'état de la nature corrompue, l'homme pécheur ne peut obferver comme il faut la loi naturelle, & rendre à Dieu, par cette obfervation, un culte qui lui foit agréable, fans la foi en Jéfus-Chrift, & fans le fecours de la grace de Jéfus-Chrift. Il faut leur apprendre & leur expliquer ces vérités, de manière qu'ils les comprennent, &c. (b)

L'abbé de Saint-Pierre parle auffi de la vertu à fa manière. Mais tous ces auteurs montrent à quiconque a appris à connoître Dieu par la voie fimple de l'évangile, qu'ils ignoroient parfaitement les profondeurs du cœur de l'homme. Quels hommes, ces hommes-là, à côté de Nicole, de Bofluet, &c ? (c)

(b) Il faut leur faire remarquer en toutes chofes, dans eux-mêmes & dans les autres, l'effroyable corruption du cœur de l'homme, fon injuftice, fa vanité, fa ftupidité, fa brutalité, fa mifère, & leur faire comprendre par-là la néceffité de la réformation de la nature. Nicole éduc. d'un prince, 2. part. n. 41.

(c) L'abbé de Saint-Pierre dit férieufement,

3°. Enfin, puifque vous avez jugé à propos de parler des miffionaires, & de la fcience des curés dans les campagnes, il paroît, 1o. qu'il étoit de la juftice de ne pas confondre les miffionaires de tous les ordres qui ont paffé les mers pour aller dans les païs où le nom de Jéfus-Chrift n'é-toit pas connu. Les feuls miffionaires qui fe foient frayés un chemin dans ces païs éloignés *par l'enfeignement des connoiffances utiles à la fociété*, ce font vos expreffions, qui, par le crédit que leur ont attiré ces mêmes connoif-

Pag. 145.

p. 172 du 1er. tome, qu'il approuve fort lo ftatut des Jéfuites, parce que leurs régens peuvent n'être pas dans les ordres, ni par conféquent obligés à réciter les prières & les lectures du breviaire. Il fuppofe que la réci-tation du breviaire emporte tous les jours deux heures du temps du régent, & par confé-quent fept cent trente heures par an ; & il prétend que l'emploi de fept cent trente heu-res par an à former les jeunes gens, eft in-comparablement plus utile à l'églife & à l'é-ducation des fidèles, que l'emploi du bre-viaire. Ainfi, un régent ne doit pas même prendre deux heures par jour pour penfer à lui & pour prier. Cette décifion n'annonce-t-elle pas un homme fçavant dans la morale, & bien inftruit des befoins & des mifères de l'homme?

C ij

fances à la cour des empereurs, dont ils ont abufé d'une manière fi révoltante & fi barbare, ont détruit tout ce qui étoit édifié avant eux : ces miffionaires font ces hommes qui difoient avoir fait un quatrième vœu pour les miffions. Ces hommes font ceux dont vous avez dit qu'on leur avoit reproché » *d'avoir fuivi, pour* » *la converfion des nations, des maxi-* » *mes différentes des miffionaires apof-* » *toliques ; d'avoir adopté les mœurs,* » *les coutumes, & même les fuperfti-* » *tions des peuples idolâtres.* »

C'eft ainfi que finiront tous les hommes, qui, ufurpant le miniftère apoftolique, veulent faire l'œuvre de Dieu par des voies qui font toutes de l'homme. *Non in humanæ fapientiæ verbis ... prædicamus Chriftum crucifixum; judæis quidem fcandalum, gentibus autem ftultitiam.* C'eft par ces voies oppofées à la fageffe humaine, que les apôtres ont converti le juif & le gentil.

Il paroît, 2o. par rapport aux curés, que vous ne donnez pas une grande étendue au miniftère du pafteur, ni aux devoirs du troupeau. Dans une paroiffe de campagne, dont les habitans ne fçauroient pas lire ; un curé, formé fur le plan que vous ébauchez, laifferoit infailliblement les paroiffiens dans une grande ignorance. Les autres connoiffances par lefquelles vous penfez qu'il pourroit contribuer au bonheur des hommes, fi vous en exceptez le talent de terminer les procès, ces connoiffances n'ont jamais été recommandées aux miniftres des faints autels. *Jéfus-Chrift ne s'appelle pas la lumière du monde, pour avoir inftruit le monde des fciences & des arts. Il n'a rien moins fait que cela, ni fes apôtres non plus.* Nicole, effais de morale, tom. XI, pag. 110.

TROISIÉME DIFFICULTÉ.

Le plan d'éducation nationale eft fait fur des principes qu'on peut appeller la politîque des états, touchant l'éducation. Ceux-ci m'ont paru être le fondement fur lequel porte tout l'édifice.

» *L'éducation devant préparer des*
» *citoyens à l'état, il eft évident qu'elle*
» *doit être relative à fa conftitution &*
» *à fes loix : elle feroit foncièrement*

Pag. 12 &
13. » mauvaife fi elle y étoit contraire. »

» Tout fe tient dans l'ordre moral,
» comme dans l'ordre phyfique. L'éduca-
» tion des particuliers, & celle des col-
» lèges, font relatives à l'inftitution
» d'une nation, & à la conftitution mê-
» me de l'état. Eft-il militaire ou com-
» merçant? Eft-ce une monarchie, où
» une république, &c? »

Je n'examine point ici fi ces maximes font de tous les temps, & de tous
Pag. 23. les lieux, fi elles ont leur application
à la religion comme aux vertus civi-
les, & fi on entend les appliquer au
temps des Néron & des Deces; aux
conftitutions & aux loix de l'empire
Romain, lorfque le chriftianifme fe
fondoit par la prédication de l'évangile. L'homme eft à Dien avant que
d'appartenir à l'état. Il y a, on ne
peut le nier, même par rapport à l'é-
ducation, un ordre de devoirs indé-
pendans des loix, & des conftitutions
des états.

Vous aviez ces maximes en vue,
lorfque vous accufiez notre éducation
Pag. 20. d'un défaut confidérable : » elle ne
» tient pas à nos mœurs comme celle
» des anciens. »

Ce reproche donne lieu à une queſtion : l'éducation ſuppoſe-t-elle les
mœurs publiques , ou forme-t-elle les
mœurs publiques ? Il ſemble que vous
aviez prévu la queſtion. » *Les hom-*
» *mes , dites-vous , ſur-tout en France,*
» *ſont tout ce qu'on veut qu'ils ſoient.*
» *. . . Une inſtitution formée par les*
» *loix changeroit en peu d'années les*
» *mœurs d'une nation entière. Chez les*
» *Spartiates , elle avoit vaincu la na-*
» *ture même.* »

Ces maximes n'établiſſant donc pas
des principes invariables , ni dans l'ordre moral , ni dans l'ordre politique ,
il doit arriver que les conſéquences
qui y ont rapport , ſoient très-ſuſcep-
tibles de vérification.

Je mets au nombre de ces conſéquences qui peuvent être vérifiées ,
la réponſe à cette queſtion importante. *Y a-t il trop ou trop peu de col-*
lèges en France ? » *La réſolution de*
» *cette queſtion , dites-vous monſieur,*
» *dépend de ſçavoir s'il y aſſez de la-*
» *boureurs , aſſez de ſoldats ; s'il n'y a*
» *pas aſſez de praticiens ; s'il y a trop*
» *ou trop peu d'eccléſiaſtiques , des gens*
» *de lettres ; en un mot , elle dérive de*

Pag. 31.

Pag. 33.

Pag. 23.

C iiij

» *la proportion qui règne , ou qui doit*
» *règner entre les différentes professions*
» *combinées avec leur utilité & leur*
» *nécessité.* » Vous observez qu'il n'y
a pas assez des premiers , & beaucoup trop de tous les autres. Vous
jugez qu'il est contraire au bien de
l'état, qu'il y ait tant d'étudians dans
un royaume , où tout le monde se
plaint de la dépopulation ; que le peuple puisse étudier , que les laboureurs & les artisans aient la liberté d'en-
voyer leurs enfans au collège , &c.
trop de collèges en France. Tel est,
selon votre plan , le principe des ma-
ladies politiques.

Voilà , monsieur, des vues toutes
neuves. Jusqu'à présent, on avoit vu
des causes fort différentes , relatives à
tous les objets de vos plaintes.

Sous le règne de Louis-le-Grand,
le cens du peuple en France montroit
vingt millions d'hommes : un plus
grand nombre de sujets dans tous les
ordres religieux, & dans l'état ecclé-
siastique : un aussi grand nombre de
collèges & d'étudians : un plus grand
nombre de laboureurs , & dans tous
les arts un plus grand nombre d'élè-

ves. Aujourd'hui on se plaint partout
de la dépopulation : il s'est formé dans
le royaume un état nouveau ; c'est
l'état de ceux qui n'en ont plus, parce
qu'ils ne peuvent plus en avoir.

Aussi, monsieur, les différentes
classes du parlement, qui plus d'une
fois ont instruit le magistrat souve-
rain * de la dépopulation, de la déser-
tion des campagnes, &c. ont toujours assigné des causes plus vraies
de ces maux, que le trop grand nombre de collèges, ou d'étudians, ou
de religieux, &c. Ces causes plus
vraies, & les seules vraies, à qui sont-
elles mieux connues qu'aux magis-
trats ?

Il y aura toujours des laboureurs,
des artisans, des ouvriers dans les différentes professions. Toujours dans le
plus grand nombre des conditions,
les enfans succéderont à la condition
des pères en succédant à leur nom
& à leurs héritages. Remontons à la
cause première. » Dieu a donné aux
» hommes divers talens ; l'un est pro-
» pre à une chose, & l'autre à une
» autre, afin qu'ils puissent s'entre-se-
» courir comme les membres du

» corps, & que l'union soit cimen-
» tée par ce besoin mutuel : . . . .
» ainsi, par les talens différens, le
» fort a besoin du foible, le grand
» du petit, chacun de ce qui paroît
» le plus éloigné de lui. » Tel est
le motif de la confiance : *Dieu a
donné aux hommes divers talens.* Si on
veut parler politique, on dira avec vous,
*C'est au gouvernement à rendre cha-
que citoyen assez heureux dans son état,
pour qu'il ne soit pas forcé d'en sortir.*

Enfin, monsieur, vous concluez »
» *qu'il est plus avantageux à l'état qu'il*
» *y ait peu de collèges, pourvû qu'ils*
» *soient bons, . . . que d'en avoir beau-*
» *coup de médiocres. Il vaut mieux*
» *qu'il y ait moins d'étudians, pourvû*
» *qu'ils soient mieux instruits, & on les*
» *instruira plus facilement, s'ils ne sont*
» *pas en grand nombre.* »

Mais si tous les collèges étoient
bons, si tous les étudians étoient
mieux, ou très-bien instruits, les
avantages qui en résulteroient pour
la nation, ne seroient-ils pas multi-
pliés en raison du plus ou du moins
d'étudians, & de collèges ? Si vos

(35)

conclufions vous font adjugées, peut-
être ce que vous avez prévu n'arrivera pas , & le conttaire arrivera. S'il
y a moins de collèges , ne doit-il pas
y avoir plus d'étudians dans chaque
collège ? L'univerfité de Paris pro-
pofe auffi de fupprimer des collèges,
afin qu'y ayant un plus grand nombre
d'écoliers dans les collèges confervés,
l'émulation y foit plus grande & mieux
foutenue.

D'ailleurs, monfieur, les collèges
préférés lors de la ruine des autres,
feront-ils mieux dirigés, mieux con-
duits , par la feule raifon qu'il n'y en
aura pas un fi grand nombre ? Les
fciences & la religion y feront-elles
mieux enfeignées ? Ce renouvellement ne peut être opéré que par l'é-
tabliffement d'une meilleure difcipli-
ne , & par l'inftirution d'un meilleur
plan d'études. Mais l'un & l'autre
peuvent fe communiquer à tous les
collèges. Les écoliers n'y feront pas
en fi grand nombre ; ainfi , par une
autre voie, tout le profit de vos conclufions vous fera adjugé.

C'eft peu de détruire , fi on ne
fonge à édifier. Vous l'avez remar-

Pag. 1.ᵉ qué. Dans les villes, qui, par le fort,. ou par le choix feront défignées pour la fuppreſſion du collège , quelle autre reſſource jugez-vous à propos d'aſſigner à toutes ces villes , afin que les enfans y aient quelqu'éducation, quelque culture ? Y aura t-il du moins une école ?

Jugeons de tout avec » *cet eſprit* » *de lumière qui rapporte chaque choſe* » *à ſes véritables principes , indépen-* » *damment des opinions & de la cou-* V. p. 116. » *tume.* » On ne doit détruire que ce qui eſt nuiſible & irréformable.

Je ſçais, monſieur, que c'eſt l'amour du bien de la nation qui a dicté les principes du plan d'éducation nationale. Il eſt, en effet, de principe que le bien général doit l'emporter ſur le bien particulier. Banniſſons à perpétuité hors des limites de notre empire , cette prétendue philoſophie, dont la morale n'admet d'autre motif d'agir que l'amour de ſoi-même. Mais ſi le bien particulier peut s'aſſocier au bien général , alors le bien général n'eſt que le bien particulier. En changeant quelque choſe au plan d'éducation nationale, la nation, le particulier, tout profitera.

Dans un état libre , dans un état monarchique , les professions sont libres : les corps & les esprits jouissent de la liberté. *Pour remplir les différens objets* (d'une institution nationale), *il n'est pas nécessaire que l'état gêne les particuliers , ni la liberté des citoyens.*   Pag. 31.

Dans un état chrétien , on sçait qu'il y a des professions qui dépendent d'une vocation qui ne vient pas de l'homme, & à laquelle il faut obéir si elle est certaine : il y a des règles presque infaillibles pour en juger. Le magistratsouverain doit ordonner l'observation de ces règles : il ne faut peut-être que donner la vie aux anciennes règles pour réformer les abus.

Les talens , le génie unissent ce qui est distingué par les conditions. Tout citoyen , né pour les sciences , le fils de l'artisan , celui du laboureur, doivent être assis à côté du gentilhomme, si , par leurs talens , ils méritent d'occuper cette place.

Supposons les collèges bien dirigés : répugne-t-il à la bonne philosophie, ou à la bonne politique, que les collèges soient ouverts à tous ceux qui fe préfentent ? Que le noble & le roturier foient mis à l'épreuve ? que le noble qui n'a point de talens foit appliqué à toute autre chofe qu'aux études ; & que *Rouffeau*, *Rollin*, *Mefengui*, &c. faffent leurs études (a)?

La légiflation doit fixer l'inftitution nationale ; mais le gouvernement des efprits n'eft pas le gouvernement des peuples. Divifons l'homme par la penfée, nous ne trouverons que deux conditions auxquelles fe rapportent de part & d'autre toutes les autres, par des nuances proportionnelles ; le talent & le génie ; la négation de l'un & de l'autre. La légiflation de l'éducation n'a rapport qu'à ces deux familles.

La nature, comme vous l'avez remarqué, *eft le meilleur des maîtres* ; c'eft-à-dire, que le plan moral de l'éducation , dépend du plan phyfi-

Pag. 37.

____

(*a*) Rouffeau étoit fils d'un cordonnier. Rollin étoit fils d'un coutelier. Mefengui n'avoit ni naiffance ni fortune. Il étoit un des plus vertueux & des plus fçavans eccléfiaftiques du royaume. V. éloge hift. de Louis Racine par M. Lebeau, fecrétaire perpétuel de l'académie royale des infcriptions & belles-lettres.

que. Il faut décider par la pierre de touche , si ce qui doit être travaillé , eſt or ; argent, fer ou argile.

Donnez aux François des inſtitu-teurs ; je ne dis pas des hommes qui aient ſeulement *de la religion , des mœurs, & qui ſçachent bien lire ;* mais des hommes qui aient appris à tâter le cœur & l'eſprit de l'homme ; des hommes qui aient cet eſprit de fineſſe & de combinaiſon néceſſaire pour ré-ſoudre le problême plus difficile que les plus forts problêmes d'algebre , le problême de l'éducation : des eſprits donnés , conclure *la ſympathie* , le goût, le génie propre ; des hommes, qui , s'ils avoient été les inſtituteurs de Paſcal , de Deſcartes , de Reau-mur, &c. auroient prophètiſé le géomè-tre, le philoſophe , le naturaliſte , &c. Donnez-nous de tels hommes, & toutes les queſtions ſont décidées.

Pag. 149.

Voy. pag. 129.

Voy. pag. 141 & 142.

QUATRIÉME DIFFICULTÉ (a).

Si l'éducation publique avoit été

(a) On a droit de ſuppoſer par-tout , ce qui a été dit une fois. On ne rappellera donc pas ici qu un plan d'études eſt néceſſairement

universſellement confiée à des citoyens capables ; on peut préſumer avec fondement que la penſée ne ſeroit venue à perſonne d'examiner s'il y a en France trop de collèges, trop d'étudians ? &c. Mais l'éducation des collèges (je parle dans le ſens moral) ne procurant depuis longtemps que trèspeu d'avantages publics ; de-là les queſtions, de-là les plaintes. On gémiſſoit ſur un mal connu ; on n'alloit pas plus loin, parce qu'on ne voyoit aucune iſſue, ſoit pour détruire les collèges qu'un régime défectueux rendoit inutiles, ſoit pour réformer les études, & l'éducation des collèges. Des jours ſerains, des jours plus heureux ont ſuccédé à l'ancienne & trop longue ſervitude. » Nous touchons au » moment d'une révolution dans les » ſciences, d'une refonte générale » dans les connoiſſances humaines ; il » faut (*donc*) en profiter ; aſſurer ces

un plan d'éducation ; & qu'un plan d'études qui n'eſt pas un plan d'éducation, eſt un plan défectueux ; que, pour réformer une éducation auſſi informe que la nôtre, il faut quelque choſe de plus qu'un plan d'éducation littéraire, &c.

» loix

» loix nouvelles ſur des fondemens
» inébranlables, & qui ne faſſent plus
» craindre une nouvelle révolution ; «
c'eſt le cri de la nation.

Mais ce cri ſe fait entendre dans un
ſiècle fécond en ſyſtèmes. » Le ſeiziè-
» me ſiècle fut celui de la ſcience &
» de l'érudition ; le dix-ſeptième celui
» des talens , & le caractère du dix-
» huitième ſiècle eſt la philoſophie.
» Dans ce ſiècle-ci la manie du bel-
» eſprir s'eſt emparé de la nation , &
» a dérangé toutes les profeſſions.....
» Le goût du bel-eſprit , devenu une
» mode, a banni la ſcience , & la vé-
» ritable érudition «.

Voilà , monſieur , des ombres qui
contraſtent dans le tableau que vous
faites de notre ſiècle. Je n'en examine
pas le rapport. J'en conclus , 1°. la
philoſophie du dix-huitième ſiècle eſt
la manie du bel-eſprit: 2°. il faut donc
être attentif, & diſtinguer avec ſoin ce
qui eſt ſage, de ce qui n'eſt que ſyſtê-
me. La nature eſt ſimple dans ſes opé-
ration. Le plan le plus ſimple pour
faire cette *refonte générale dans les connoiſſances humaines* , ſera probablement le plus vrai.

D

Marginal notes:
Mémoire du bureau ſervant de la communau-té de Ren-nes, pag. 33.

Eſſai d'é-duc. nation. pag. 117 & 118.

Pag. 29.

Pag. 27.

Rien de plus simple à penser. Il faut apporter un double remède, là où il y a un double mal. Nous manquons d'instituteurs, & de livres élémentaires. Nous manquons de livres, parce qu'on n'en a pas fait ; nous manquons d'instituteurs, parce qu'on n'en a pas formé ; il faut donc former des instituteurs, & composer des livres. Cette voie est simple & naturelle, elle frappe par son évidence.

Former des maîtres, dites-vous, monsieur, seroit un ouvrage de longue haleine (b). Vous jugez cet ouvrage inutile, & vous pensez que des livres bien faits dispenseroient peut-être d'avoir des maîtres ; c'est-à-dire, des maîtres *formés*, comme vous l'expli-

Pag. 148.

______

(b) On pourroit demander pourquoi former des maîtres seroit un ouvrage de longue haleine ? Est ce à raison de la réunion de différens talens de l'esprit & du cœur dans le même sujet ? Est ce parce que apprendre à former l'homme est un ouvrage difficile, le plus difficile de tous les arts ? Si ce sont là les raisons qui prouvent que former des maîtres est un ouvrage de longue haleine, & on n'en peut pas donner d'autres, il est prouvé par les mêmes raisons qu'il faut former des maîtres.

qués ensuite (c). Enfin, ajoutez-vous, les livres nécessaires sont faciles à faire, ou plutôt ils sont presque tous faits.

Puisse-t-on mettre incessamment la main à l'œuvre ! L'ouvrage une fois commencé, il sera prouvé que cet ouvrage est plus difficile, & de plus longue haleine que vous ne l'avez prévu.

Il faut d'abord avoir sous sa main les facteurs habiles, passez-moi l'expression; ne fût-il question que de faire des compilations sensées & raisonnables ? » Elles ne doivent pas être faites
» par des hommes qui ne pensent
» point, & qui n'ont jamais rien ima-
» giné ; mais par des personnes capa-
» bles de composer elles-mêmes les
» livres qu'elles compileroient, d'ou-
» vrir des routes, de perfectionner
» celles qui sont découvertes, d'ima-
» giner des méthodes, & de juger les

(c) Le premier énoncé paroissoit un paradoxe. Par l'explication le paradoxe disparoit, mais la proposition est toujours une idée nouvelle. Ce plan est le premier plan d'éducation, on ne trouve pas le chapitre intulé *des maitres.*

Pag. 151, post-scrip-tum.

Rien n'est plus difficile que de se proportionner à l'esprit des enfans; & c'est avec raison qu'un homme du monde (Montagne) a dit que c'est l'effet d'une ame bien forte & bien élevée, de se pouvoir accomoder à ces allures puériles. *Nicole. éduc d'un prince n. 23, partie prem.* Pag. 148.

» fciences avec un efprit philo-
» fophique «. (d) La demeure de ces
hommes n'eft peut-être pas trop publique , & vous ne l'enfeignez que
d'une manière bien générale.

» Une autre moyen très - fimple ,
» dites-vous encore, feroit de pro-
» pofer de pareils livres à faire pour
» fujet de prix de toutes les acadé-
» mies ; cela produiroit en peu de
» temps des mémoires excellens, que
» l'on chargeroit des gens de lettres
» de rédiger «. Cette voie ne ferat-
t-elle pas la voie la plus longue ? Si le
même jour que les académies propo-
feroient ces livres, l'école pour former des maîtres commençoit fes leçons, nous aurions peut-être les maîtres

(d) On ne peut trop recommander l'efprit
(vraiment) philofophique qui doit préfider à
toutes les fciences, même aux belles-lettres.
Pag. 118. Queftion. N'en eft-il pas de l'efprit philofophique comme de l'efprit inventif? L'efprit philofophique eft fupérieur à la philofo-
phie, comme l'art d'inventer eft fupérieur
aux règles & aux inftructions ; l'un & l'autre & l'un comme l'autre, eft bien plutôt un
don du créateur, une habitude infufe qu'une
habitude acquife. Heureufes *les ames privi-
ligiées* à qui ces dons ont été faits.

avant les livres. Quoiqu'il en soit de mes idées ; telles sont les ressources que vous proposez à la nation pour réformer une éducation aussi informe que la nôtre. Pag. 28.

Ce dernier moyen que vous regardez comme très-simple, m'a fait naître une pensée. Ne seroit-ce pas une question intéressante à proposer pour sujet de prix à quelques académies, sçavoir : *Si , pour fonder à perpétuité la meilleure éducation possible en France , il est plus important de faire composer des livres élémentaires pour exécuter un bon plan d'éducation littéraire , que de former des maîtres ? Si un maître qui se forme lui-même en formant les enfans qui prennent ses leçons , est un maître qui mérite la confiance publique ?* &c.

Ces questions pourroient être traitées supérieurement , & pour prouver l'insuffisance des livres , & le grand bien qu'il y auroit à avoir des maîtres *capables d'imaginer des méthodes , & de juger les sciences avec un esprit philosophique* ; on pourroit ne parler que d'après vous. » Pour professer les lettres » & les sciences , il faut des personnes » qui fassent profession des lettres.

Pag. 17. » Chez les réguliers, l'objet des exer-
» cices est plutôt de former les maî-
» tres , que d'instruire les disciples.
» Dans les premières années, un jeune
» régent, qui n'est qu'un vieil écolier,
» achève le cours de ses études aux
» dépens d'autrui... Toute la peine &
Pag. 18. » le travail est du côté des enfans....
» Parmi nous un jeune régent presque
Pag. 19. » enfant, &c. Tout ce qu'on doit sça-
» voir n'est pas contenu dans les li-
» vres ; il y a mille choses dont on
» peut s'instruire par la conversation ,
» &c. « Tous ces moyens peuvent être employés contre tous les maîtres qui se forment en formant les enfans ; & vos pensées trouveroient sûrement leurs places dans les discours envoyés aux académies.

Pag. 41. Voy. pag 43, & suiv. On trouveroit des nouvelles preuves dans les conseils donnés aux maîtres pag. 35, & dans ce qui est dit encore pag. 78 L'important n'est pas de connoître (les préceptes), quoique ce soit quelque chose, mais d'en faire l'application. Voy. p. 33.

L'abbé de Saint-Pierre prouve par des raisons solides , qu'il s'en faut de beaucoup que l'éducation domestique ait tous les avantages de l'éducation publique. Il n'est pas de votre senti-ment sur cet article. Il entre dans un détail qui forme un amas de preuves qui paroissent victorieuses. Je n'en ex-trais ici que ce qui à rapport à la ques-tion des maîtres.

» Ord'nairement , dit l'abbé de
» Saint-Perre , le précepteur, ou le
» gouverneur (*particulier*) , quoi-
» qu'habile, arrive tout neuf à son
» métier , il n'a nulle expérience des
» enfans ; il n'a point vécu avec des
» précepteurs anciens qui pourroient
» le guider ; il n'a pu, par son expé-
» rience, se faire une idée assez juste,
» ni de la portée de leur esprit ni des
» degrès de leurs passions ; il n'a nulle
» expérience des différentes métho-
» des les plus commodes, & les plus
» efficaces pour les encourager , &
» pour les intimider lorsqu'il le faut,
» &c. «

Tels font incontestablement les devoirs des maîtres ; quiconque ne les connoît pas , ou ne sçait pas les remplir, ne fera jamais un maître d'é-ducation. On ne peut le dissimuler, si on suit votre plan à la lettre, on con-fiera l'éducation au premier venu , ce qui est contraire à vos vues , parce qu'on dira par tout & toujours , nous avons de bons livres.

Ce fut par une méthode nouvelle , inconnue de son temps , que *Le Fèvre de Saumur* fit en moins de quatre ans

Tom. II p. 71, éduc. domest. Je n'ai pas co-pié l'ortho-graphe.

un prodige de fon fils ; *& pour en faire autant , & peut-être encore plus , dit ce* fçavant humanifte, en terminant l'expofé qu'il nous a laiffé de la méthode qu'il avoit fuivie ; *il n'eft befoin que d'une chofe : c'eft un bon maître ; mais pour être tel , il faut qu'il poffède bien ce qu'il doit enfeigner.*

Méthode pour les humanités, par M. Le Fèvre de Saumur, pag. 67.

» Ce feroit peu d'avoir trouvé la » véritable route , fi l'on n'avoit des » guides pour s'y conduire fûrement ; » c'eft l'office des maître habiles , ils » font comme la bafe de l'édifice lit-

Mém. du bureau, &c. pag. 29.

» téraire. Les bons élèves fortiront » de l'école des bons maîtres «. C'eft le raifonnement des meffieurs du bureau de la communauté de Rennes.

CINQUIÉME DIFFICULTÉ.

Sur la nature de l'efprit humain.

Toute bonne méthode doit porter fur Pag. 44. *la nature de l'efprit humain , & fur des faits inconteftables.*

Ce principe que vous établiffez, eft le premier principe dans le grand art de former l'homme. La jufteffe du plan d'éducation nationale fera dé-

montrée ,

trée , fi , comme vous le penfez , ce Pag. 140.
plan eft fondé fur la nature de l'efprit humain , fur des faits conftans , & fur les principes de la connoiffance humaine.

Quelle eft donc la nature de l'efprit humain ?

Quels font les principes de la connoiffance humaine ?

Pour traiter ces queftions avec ordre, & y répandre quelque lumière, il feroit peut-être néceffaire d'examiner d'abord, fi l'homme tel qu'il eft, tel que font tous les hommes, eft l'homme tel qu'il eft forti des mains de Dieu ? Si l'homme tel qu'il eft, eft effentiellement tel par fa nature ; ou fi fa nature eft infectée & corrompue ? Il eft vifible qu'il faut s'y prendre tout autrement, fi l'homme eft malade , ou parfaitement fain. L'erreur fur un article auffi confidérable ne pourra qu'enfanter une méthode erronnée.

La nature de l'efprit humain peut fe déterminer, au moins en partie, par fes opérations.

Toutes les connoiffances viennent-elles à l'homme par les fens.

Cette queftion eft très-importante

E

dans la morale ; & les maîtres chargés de diriger les enfans pour les rendre hommes , doivent sçavoir s'il n'y a d'autre *porte* des connoiſſances que les ſens ; ou s'il faut ſuppoſer dans les enfans un fonds d'idées & de connoiſſances ? (e) S'il en eſt ainſi , afin que les maîtres ne marchent pas comme à tâtons , il faut encore qu'ils ſçachent pourquoi les idées primitives dans l'homme ne ſe développent que par ſucceſſion ? Pourquoi les connoiſſances de l'homme ſont comme interceptées ? Pourquoi l'homme eſt ſi fort dépendant des ſens ? &c.

Pag. 37. *Il ſemble , dites-vous monſieur , que la méthode (d'inſtruire les enfans) ne devroit pas être un grand myſtère... Il ſuffit d'obſerver comment les premières connoiſſances entrent dans l'eſprit des enfans , & comment les hommes faits en acquièrent eux-mêmes.*

L'expérience contre laquelle on philoſopheroit envain , nous apprend que nous n'apportons en naiſſant qu'une capacité vuide qui ſe remplit ſucceſſivement ; que

(e) *Il faut regarder où il fait jour , & en approcher ce que l'on veut faire entendre.* Nicole éduc. d'un prince , 2 p. n. 6.

pour introduire des notions dans les efprits, il n'y a d'autres paffages ouverts
que la fenfation & la réflexion (f).

Il paroît certain que l'homme ne commence à avoir des connoiffances, que lorfqu'il commence à faire ufage des fens ;
fa première fenfation eft fa première connoiffance.

Les enfans, non plus que les perfon-
nes avancées en âge, ne font capables de
réflexions qu'au moyen des idées acqui-
fes... Les idées font plus faciles à proportion qu'elles font moins abftraites, &
qu'elles fe rapprochent davantage des
fens ; elles ont encore l'avantage d'être
déterminées par elles-mêmes : les notions
abftraites au contraire font vagues, n'of-
frent rien de fixe à l'efprit, &c. Pag. 38.

Vous dites ailleurs : Les enfans.... Pag. 49.
fçavent auffi bien que les hommes avancées en âge, qu'on ne doit faire du mal
à perfonne, qu'on n'en doit pas faire au
public, qui eft compofé de plufieurs per-
fonnes.

(f) La fenfation précède la réflexion. On
lit à la page 45 : Les enfans ... ont des fens
qui font les portes des connoiffances... Ils ont
de plus la faculté de réfléchir fur leurs fenfa-
tions. C'eft par-tout le même fyftème.

E ij

Il est une loi naturelle également divine écrite dans tous les cœurs, dont la conscience rend témoignage, comme dit l'apôtre. Elle est de tous les siècles, de tous les pays, de toutes les nations, & , pour ainsi dire, de tous les mondes. C'est de cette loi que Cicéron dit qu'elle est née avec nous, &c. (g).

Pag. 225. *On n'ira peut-être jamais en morale au-delà des principes innés de justice & de vertu; ni du sentiment naturel que la conscience en a gravé dans le cœur de tous les hommes.*

Pag. 128. Les maîtres qui voudront s'instruire par votre mémoire, resteront probablement dans l'incertitude. Peut-être s'en trouvera-t-il qui croiront appercevoir, dans ses différens textes comparés, quelque nuance de contradiction (h).

(g) Ajoutons à ces textes un mot de M. Bossuet. ,, S'il y a des peuples qui ne connoissent ,, pas Dieu, il n'en est pas moins pour cela ,, le créateur, & il ne les en a pas moins faits ,, à son image & ressemblance «. *Politiq. Sac.*, tom. 7, *pag.* 253.

(h) Peut-être trouvera-on aussi de la contradiction dans ce qu'on lit aux pages 45 & 46.

Pag. 45. *J'avoue qu'après l'effort inconceva-*

Le seul auteur que vous citez sur la question de l'origine *de nos connoissan- ces*, est *l'abbé de Condillac*. Permettez- *Pag. 3**.* moi de vous demander, monsieur, dans lequel de ses ouvrages l'acadé- micien de Berlin *a*, comme vous le prétendez, *bien démêlé l'origine de nos connoissances*? Est-ce dans l'Essai sur l'origine des connoissances humaines? Est-ce dans le Traité des sensations? Est-ce dans le Traité des animaux?

L'abbé de Condillac, que vous placez au rang des philosophes, s'ex- plique lui-même dans le Traité des *Pag. 87.* sensations. » J'étois, dit-il, dans ces *Traité des* » préjugés (de croire qu'il y a des *sensat. p. 30.* » connoissances nées avec nous), *Ibid. pag. 23.* » lorsque je publiai mon essai sur l'o- » rigine des connoissances humaines. » Je n'avois pû en être retiré par les » raisonnemens de Locke sur un *Voy. Essai* » aveugle né... Vous sçavez, mada- *d'éduc. nat.* » me, à qui je dois les lumières qui *pag. 79 &* » ont enfin dissipé mes préjugés. *101.*

*La com-
tesse de Vas-
sé. Le traité
des sensa-
tions lui est
adressé.*

ble qu'ont fait les enfans pour apprendre à par- ler, &c.

Pag. 46. Apprendre à parler, apprendre une langue par l'usage, cela se fait naturellement & facilement.

*Ibid. Trai-
té des sen-
sat., pag. 4.*

» *Mademoiselle Ferrand* m'a éclairé
» sur les principes, sur le plan, & sur
» les moindres détails ; & j'en dois
» être d'autant plus reconnoissant que
» son projet n'étoit pas de m'instrui-
» re, ni de faire un livre ; elle ne
» s'appercevoit pas qu'elle devenoit
Ibid, p. 10. » auteur (i) «. L'abbé de Condillac
fit de si grands progrès, & acquit tant
de lumières par *les conseils sages & la*
critique éclairée de mademoiselle Fer-
Ibid, p. 14, rand, qu'il parvint au point de trou-
ver du vuide, ou du faux dans Locke
lui-même, parce que *toutes les facultés*
de l'ame lui ont paru des qualités innées,
& qu'il n'a pas soupçonné qu'elles pour-
roient tirer leur origine de la sensation
même. C'est donc dans ses derniers
ouvrages que l'abbé de Condillac *a*
bien démêlé l'origine des connoissances.

Eh bien, monsieur, on peut assurer
que l'abbé de Condillac s'est prodi-
gieusement & grossièrement égaré

Voy. ex-
trait raison-
né du traité
des sensat.,
par M. l'ab-
bé de Con-
dillac lui-
même à la
suite du trai-
té des ani-
maux, pag.
189.

(i) Le premier chapitre du traité des sensations, qui est le dessein de l'ouvrage, est
tout-à-fait intéressant. On y apprend à se
faire une juste idée des vrais sentimens, des
sentimens intimes des prétendus philosophes.

dans ſes derniers ouvrages. Vous en
ſerez convaincu, ſi vous vous donnez
la peine de les lire. L'homme qu'*ima-*
ginent (*k*) ces prétendus philoſophes, Voy. Eſſ.
d'éduc. nat.
pag. 129.
l'homme de Locke, de Buffon, de
l'abbé de Condillac, de Voltaire, &c.
eſt un homme phantaſtique, un homme tout entier de leur création. Quels
auteurs, & quels principes !

Eſt-il prudent d'indiquer ces ſources
empoiſonnées à de jeunes inſtituteurs
qui n'ont encore aucune expérience,
& dans un ſiècle, ou, comme vous
l'avez obſervé, *la religion eſt atta-* Pag. 134.
quée, & où elle manque de défenſeurs ?

Il faut vous le dire, monſieur, le
public ſenſé eſt affligé de voir un Magiſtrat célèbre appeller avec une ſorte
de complaiſance, indéfiniment & ſans
reſtriction, *Voltaire un génie ſupé-*
rieur (*l*). Les jugemens que portent Pag. 73.

(*k*) C'eſt l'expreſſion de l'abbé de Condillac en parlant de M. de Buffon. *V. ext. raiſ.*
&c. pag. 189.

(*l*) Voltaire un génie ſupérieur !.... Voltaire le fondateur de cette *manie du bel eſprit*
qui s'eſt emparée de la nation, & qui a *dérangé*
toutes les profeſſions !

,, Repréſentez-vous un homme, dit un
,, auteur qui connoiſſoit bien Voltaire, qui

E iv

les Magiſtrats, les conſeils qu'ils donnent, doivent montrer par-tout le cen

» parle avec feu ſur des matières qu'il n'en-
» tend pas ; un homme entraîné par l'auto-
» rité d'autrui, & jaloux avec cela de la
» ſienne propre ; condamnant d'un air dédai-
» gneux tous ceux qui ne penſent pas com-
» me certaines gens lui ont dit qu'on doit
» penſer, mais auſſi s'érigeant quelquefois en
» juge de ces mêmes maîtres dont les déci-
» ſions lui ont tenu lieu de preuve, & ne
» cherchant enfin dans les ſujets les plus gra-
» ves que l'occaſion de dire un bon mot ;
» voilà, monſieur, quel eſt le nouveau
» philoſophe que nos amis vous ont tant
» vanté «. *Première lettre ſur la nature de
notre ame, & ſur ſon immortalité à l'occaſion
des lettres philoſophiques de M. de Voltaire.* Ces
lettres ſur la nature de notre âme ont été
réimprimées en 1753 à Amſterdam, chez
Catuffe.

La vingt-cinquième des lettres philoſophi-
que eſt la critique des penſées de M. Paſcal.
M. de Voltaire prétend, ou plutôt il eſt *très-
perſuadé que, ſi M. Paſcal avoit ſuivi dans le
livre qu'il méditoit le deſſein qui paroît dans ſes
penſées, il auroit fait un livre plein de paralo-
giſmes éloquens, & de fauſſetés admirablement
déduites. Il paroît à M. de Voltaire que l'eſprit
dans lequel M. Paſcal écrivit ces penſées, étoit
de montrer l'homme dans un jour odieux. Il s'a-
charne, dit-il, à nous peindre tous méchans &
malheureux : il écrit contre la nature humaine,
à peu près comme il écrivoit contre les Jéſuites :*

Vingt-cin-
quième lett.
pag. 2.

Ibid. p. 1. &
2.

feur des mœurs, & le vengeur du crime.

» Ce feroit une trop grande rigueur,
» dit Nicole, que d'interdire abfolu- *Educ. d'un*
» ment aux enfans les livres des *prince, 2 p.*
» payens, puifqu'ils contiennent un *n. 45.*
» grand nombre de chofes utiles :
» mais il faut qu'un maître fçache les
» rendre chrétiens par la manière dont
» il les expliquera «.

En fuppofant qu'on trouve dans les ouvrages de M. de Voltaire des morceaux ifolés , des *préfaces* ; n'eft-il pas de devoir d'avertir des écarts fans nombre de l'auteur, & du venin répandu dans tous les ouvrages ?

Les pères de l'églife lifoient les ouvrages des payens & des hérétiques ; *V. Fleury,* &, lorfqu'ils en confeilloient la lectu- *m. des ch.* re , ils le faifoient avec prudence & *n. 7, II difc.* avec fageffe. Saint Auguftin faifoit *fur l'hift.* *eccl. n. 13.* *14. 15. 16.*

il impute à l'effence de notre nature ce qui n'appartient qu'à certains hommes : il dit éloquemment des injures au genre humain. J'ofe prendre le parti de l'humanité contre ce mifantrope fublime. J'ofe affurer que nous ne fommes ni fi méchans , ni fi malheureux qu'il le dit.

Seroit-il bien difficile de prouver que M. Pafcal parle de la nature humaine, confidérée dans l'état de péché, comme S. Paul en a parlé ?

beaucoup de cas du livre des règles de Tichonius, fameux donatifte. Il appelle cet ouvrage : *Tam elaboratum, atque utile opus.* Il en recommande la lecture, *legatur à ftudiofis*, mais avec cette précaution : *cautè fanè legendus eft, non folum propter quædam in quibus ut homo erravit, fed maximè propter illa, quæ ficut donatifta hæreticus loquitur.*

Chriftianifer les ouvrages de Voltaire, eft peut-être un entreprife chimérique. Il n'eft point à craindre que les livres des payens faffent aujourd'hui des idolâtres; & les livres feuls de Voltaire font tous les jours des impies & des libertins.

Vous ignorez fans doute ces faits, monfieur; pour vous en convaincre, dans le fiècle où *la débauche eft trop univerfelle* parmi *la jeuneffe; dans ces temps, ... pendant les crépufcules d'une lumière qui naît, ou* (pour parler encore avec vous) *qui s'éteint.* Demandez à cette foule de jeunes efprits qui ne croient rien, quel a été leur maître, quel eft leur oracle ?

Un plan d'études eft comme le code & le manuel des inftituteurs. Un plan d'études préfenté à la nation par un magistrat, ne doit avoir, s'il est possible, aucune tache. Tout doit y être pesé ; les conseils, les expressions mêmes doivent y être jugées. Il est des temps critiques, où le langage se ressent de la corruption de l'esprit. On abusera peut-être, ou l'on expliquera mal vos expressions. *La nature met de la différence entre les hommes (on n'en peut douter) (m). Le talent est un don de*   Pag. 4. *la nature, supposez que la nature fait tout, que l'exercice & l'application n'a-*   Pag. 4. *joutent rien, &c. Si l'on voit des ver-*   Pag. 5. *tus sublimes, & des talens éminens bril-ler au milieu des ténèbres de ces siècles d'ignorance, c'est par un effort de la na-ture seule, & qu'elle ne fait que rare-ment. Il y a des génies à qui Dieu sem-ble avoir départi une portion de sa pres-cience, c'est un don de la nature seule.*   Pag. 9. Ce langage déplaisoit à Sénèque, & nous vivons au milieu d'un trop grand nombre d'hommes moins religieux que ce philosophe. *Natura, inquit, hæc mihi præstat. Non intelligis te, cum*   Senec de *hoc dicis, mutare nomen Deo ? quid*   benef. lib. 4. *enim aliud est natura quam Deus ?*   c. 7, p. 311. ex. edit. plant. 1605.

(m) *Si naturâ, quare non omnibus.* V. S. Aug. l. 3. de Spir. & lit. c. 33, n. 57.

SIXIEME DIFFICULTÉ.

Sur les faits constans par rapport à l'éducation.

Les faits constans par rapport à l'éducation, sont les conséquences de l'expérience.

L'instituteur qui a vieilli ; celui sous les yeux duquel un grand nombre d'enfans ont passé d'un âge à un autre âge ; ces hommes sont peut-être les seuls assez sçavans pour faire une histoire exacte, une tradition constante des faits par rapport à l'éducation.

L'architecte le plus habile ne décide à coup sûr qu'on peut jetter les fonde-mens d'un édifice dans un sol donné, qu'après avoir fouillé jusqu'à la profondeur ordonnée par les principes de son art.

Le sculpteur embellit, l'architecte bâtit, l'architecte est au sculpteur comme le bon est au beau.

Les principes établis ailleurs, ont démontré que l'homme ne peut être formé que d'une certaine manière, & qu'il faut absolument renoncer dans

l'éducation à tout ce qui n'est que systême. Des effets donnés conclure la
cause efficiente, c'est le problême, c'est
l'axiome pratique dans l'éducation ;
convertir les faits en principe, c'est
le paralogisme trop commun dans notre siècle.

Les enfans, dites-vous monsieur, Pag. 460
n'ont point d'attention, parce que la foiblesse de leur organes ne résisteroit pas à
une tension soutenue sur le même objet.
Ils n'ont pas de jugement, parce qu'ils
n'ont ni assez de matériaux dans l'esprit
pour les comparer, ni assez d'exercice &
de force pour saisir les détails, sans les-
quels toute comparaison manque de jus-
tesse (n).

Cette assertion, beaucoup trop générale, est expliquée & restrainte par

(n) On lit tout de suite au même endroit :
Ils (les enfans) ont des sens qui sont les portes des connoissances ; de la mémoire qui leur
rappelle les choses absentes qu'ils ont vues ; ils
ont de plus la faculté de réfléchir sur leurs sensations, sur le sentiment intérieur qui ne les
abandonne jamais, non plus que les autres hommes, & sur les représentations des uns & des
autres, c'est-à-dire sur les idées. C'est tout le
système, ou à peu de chose près, du traité
des sensations.

ce que vous ajoutez tout de suite de *l'effort inconcevable que font les enfans pour apprendre à parler, & du peu d'effort avec lequel ils apprennent des jeux qui exigent des combinaisons assez fines ;* Pag. 46. exemples qui supposent & prouvent en même temps que les enfans sont capables de beaucoup d'attention & de réflexion ; ce qui ruine entièrement le systême qui prétend, *que nous n'apportons en naissant qu'une capacité vuide*, & *que les sens sont les seules portes des connoissances* (o).

Quoiqu'il en soit, monsieur, de ces raisonnemens, est-il bien constant que les enfans n'ont point d'attention à cause de la foiblesse de leurs organes ? qu'ils n'ont point de jugement, parce qu'ils n'ont ni matériaux dans l'esprit, ni assez d'exercice ? &c. Ne pourroit-on pas, ou ne doit-on pas assigner une cause plus première ; (permettez-moi

----

(o) *Le langage qu'on apprend à l'enfant suppose en lui la faculté de se former des idées, de les généraliser, de les lier aux mots, & de faire servir la parole à un commerce libre & raisonné de ses propres pensées, avec les pensées d'autrui.* Lettre II sur la nature de notre ame, &c.

l'expreſſion) de ce défaut d'attention,
de jugement dans les enfans ? Au ſor-
tir, de l'enfance, & même à cet âge
où on dit l'homme fait, ne trouve-t-on
pas ſouvent peu d'attention, peu de
jugement, &c. ? » Si on eſt trop jeu- Penſ. c. 25.
» ne, dit Paſcal, on ne juge pas bien, n. 3.
» ſi on eſt trop vieux de même.....
» L'eſprit du plus grand homme du
» monde, n'eſt pas ſi indépendant,
» qu'il ne ſoit ſujet à être troublé par
» le moindre tintamare qui ſe fait au-
» tour de lui... Ne vous étonnez pas,
» s'il ne raiſonne pas bien à préſent;
» une mouche bourdonne à ſes oreil- Paſcal ibid.
» les : c'en eſt aſſez pour le rendre in-
» capable de bon conſeil «.
 Pourquoi les enfans ſont-ils ſi at-
tentifs dans certaines circonſtances,
& ſi judicieux ? La ſeule raiſon qu'il
ſemble qu'on en puiſſe donner, c'eſt
qu'ils le veulent. *Trahit ſuaquemque
voluptas.* Mais pourquoi ne veulent-
ils pas toujours ? Pourquoi les circonſtances étant changées, les enfans ne
paroiſſent-ils plus les mêmes ? L'exa-
men de ces queſtions ne doit pas ſe
placer ici. L'aſſujettiſſement de l'ame
au corps qu'elle anime dans ces diffé-

rens états la fait paroître enfantine dans les enfans, vigoureuse dans les hommes sains, usée dans les vieillards, malade dans ceux qui ont le cerveau blessé ; ces faits sont constans, mais ces faits n'expliquent point ce qui paroît absurde & contradictoire dans l'homme ; & cependant si l'instituteur ne parvient pas à découvrir la première & la principale cause, on peut décider que son entreprise est manquée.

C'est encore un fait constant que les enfans, pendant tout le temps que vous appellez *le premier & le second âge*, sont tout de feu, ni appliqués, ennemis de la gêne, du repos & du travail. Ici revient la question déjà proposée, pourquoi les enfans sont-ils tels ? & puisqu'ils sont tels, qu'elle doit être la conduite des instituteurs ? qu'elle peut être, d'après les faits, la méthode la plus sûre pour former l'esprit & le cœur ? Faut-il laisser les enfans à eux-mêmes, courir & sauter, pour ainsi dire, avec eux, & donner ses leçons ? Seroit-il Pag. 41. possible de *fixer leur attention, de perfectionner leur jugement*, si on exécutoit à la lettre la méthode & les conseils que vous donnez aux instituteurs,

sur

sur la manutention & la discipline de leurs écoles ?

Vous êtes persuadé , monsieur , qu'il n'est besoin pour exécuter un bon plan littéraire , que de livres qui serviroient d'instruction , & de méthode d'instruction,

Voy. les pag. 19. 70. 148 149.

Si l'institution n'avoit d'autre objet & d'autre méthode que de former l'homme par l'étude de l'histoire ; s'il n'étoit question que des commencemens de l'éducation, qui n'exige que des yeux & de la mémoire, le moyen proposé seroit peut-être infaillible. Le maître, n'auroit, pour ainsi dire, qu'à lire & à interroger ; mais pour remplir les devoirs & l'étendue de l'institution, comme vous le supposez sans doute, des livres seuls seront toujours, on peut l'assurer, des moyens insuffisans & inefficaces.

Pag. 149.

V. pag 149.

V. pag. 51.

Vous supposez les livres faits ; & vous ajoutez : *Je ne demande que quatre ou cinq heures de classe ; où la peine soit principalement pour les maîtres, où ils fassent travailler les enfans devant eux , ou les disciples les plus avancés feroient les démonstrations aux plus jeu-*

Pag. 148.

E

*nes, des livres où l'instruction seroit toute
faite (p).*

*Dans les trois ou dans les quatre
premières années , hors les classes
nulle étude que des leçons agréables &
utiles à retenir , & qu'ils pourroient apprendre en se promenant.*

*Enfin , monsieur, votre plan seroit
de former nos collèges sur le plan du
portique & du lycée ; & que , dans les
mêmes lieux , nos enfans prissent , s'il
est permis de se servir de ce terme , leurs
leçons & leurs ébats (q). Il ne faut sans*

Pag. 149.

V. pag. 19.

(p) Si l'instruction est toute faite , comment l'émulation sera t-elle excitée? V. p. 58.
Rien ne flatte davantage l'amour propre que
de croire inventer soi-même. V. pag. 67. Que
pourront inventer les enfans , si l'instruction
est toute faite ?

Pag. 69. *Telles sont les opérations que je
propose pour le premier âge, apprendre à lire ,
&c.* Il n'est pas dit qu'on apprendra le catéchisme. On n'a pas oublié les Fables de la
Fontaine, *qui , ~~quoiqu'on en dise~~ , ne doivent
point être retirées des mains des enfans , mais
qu'on doit leur faire toutes apprendre par cœur.*
Qui est ce qui a jamais dit que les Fables de
la Fontaine doivent être retirées des mains
des enfans ? Mais est-il prudent d'ordonner
qu'ils les apprendront *toutes* ?

(q) Il n'y a nulle comparaison des enfans
à l'âge de dix ans , à ces hommes faits qui

doute s'arrêter qu'à l'esprit de ces conseils & de cette méthode. La lettre est absolument impraticable. Ce fait est le fait le plus constant par rapport à l'éducation publique.

Voilà , monsieur , quelques-unes des difficultés que fait naître la lecture réfléchie de l'*Essai d'éducation nationale*. Dans celles que je prends la liberté de vous proposer , je ne me suis arrêté qu'au plan général de votre mémoire. Il m'a paru , pour emprunter une pensée de Pascal , que c'étoit là *le point* Ch. 25. 3. *indivisible, & le véritable lieu de voir le tableau.* J'ai conclu , après l'avoir considéré attentivement, que, pour faire de ce mémoire un plan d'*éducation nationale* , il étoit ou utile , ou nécessaire d'y faire des changemens. Vous déciderez , monsieur , si la conséquence est juste , & si les difficultés sont fondées.

alloient écouter les Aristides , les Platons , les Xénophons , les Démosthènes. Le portique & le lycée n'étoient ni à Rome , ni à Athènes les écoles des enfans.

F I N.